D1748293

Alfred J. Noll
Einfache Formen

bahoe art books

2

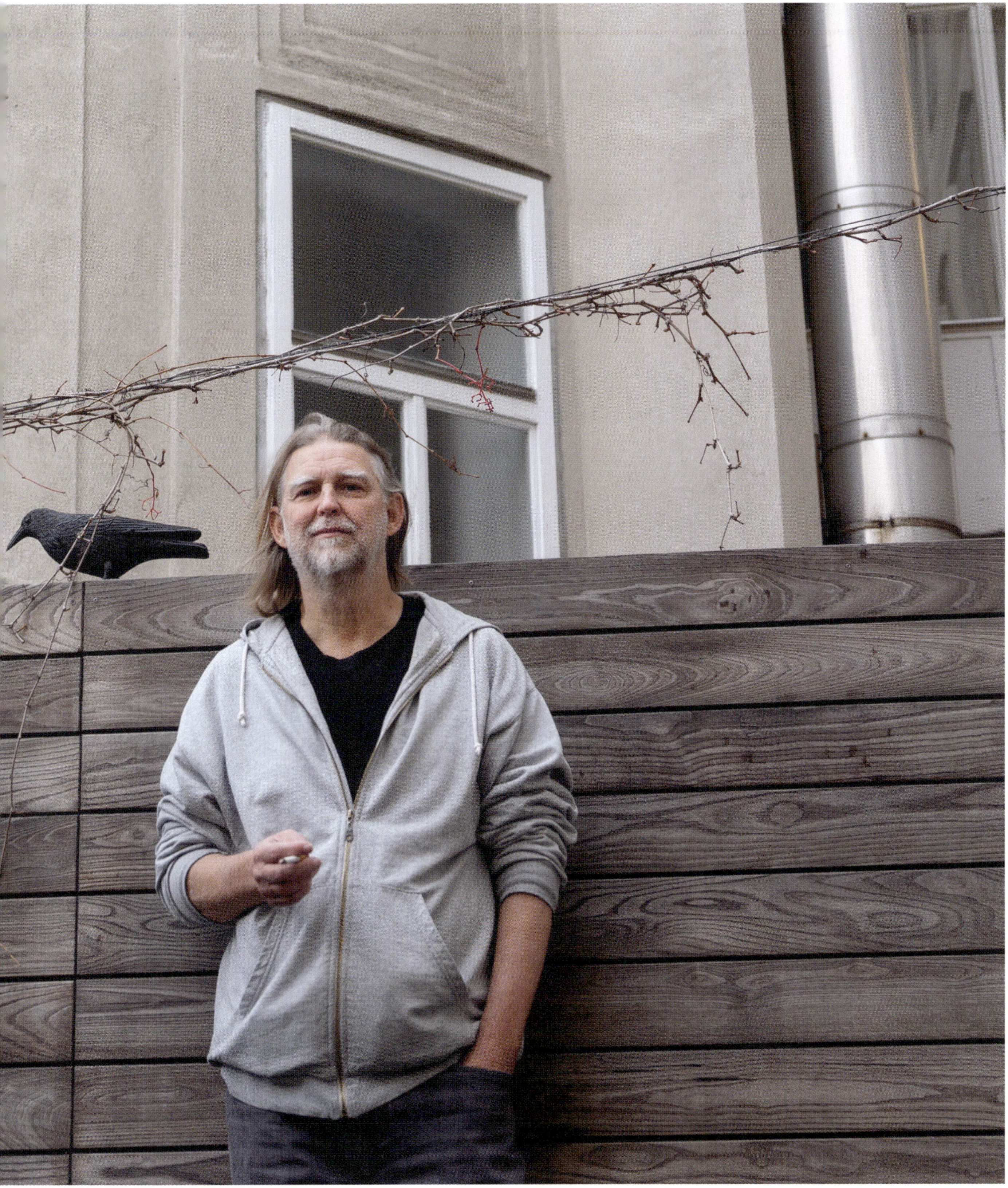

Am Nollpunkt

Eine Rede für Alfred J. Noll.

Ich bewundere Alfred J. Noll für seinen Mut.
Bei mir eine Rede zu bestellen heißt, das Risiko einzugehen, ein Echo in Formen der Dichtung zu bekommen, in Form von Oden, gebundener Rede. Er weiß es, er hat es selbst erfahren.
Es sind bekanntlich schon Quadratromane geschrieben worden, und die konkrete Poesie hielte ein reiches Formenrepertoire bereit, in dem man sich über konkrete Kunst ausdrücken könnte, „tan tandinanan tadinane" und so weiter.
Denke ich an Nolls Kunst, denke ich an das Quadrat. Er selbst hat ja über das Quadrat in der Malerei so gut wie alles gesagt, was zu sagen ist. Was vermöchte also ich noch über das Quadrat hinzuzufügen?
Das Unpassende zuerst: „Quadratisch, praktisch, gut", lautet der bekannte Slogan eines Schokoladeproduzenten, der sich von der Konkurrenz durch die Form seines Produkts abzusetzen trachtet. Denke ich an Schokolade, wird mir die Macht geometrischer Formen erst wirklich deutlich. Der dreikantige Riegel, die Norm der rechteckigen Tafel, der Charme, der sich aus all den Abweichungen davon ergibt – beinahe verschwindet daneben der Geschmack von Schokolade.
Schon als Kind durchschaute ich die miesen Tricks der Fabrikanten, die einen soliden Zwei-Schilling-Riegel dadurch abmagerten, dass sie ihm nur den erhöhten Rand ließen, aber den Körper auszehrend verschlankten, was erst schmerzhaft sichtbar wurde, wenn man die Verpackung aufgerissen hatte – eine frühe Einführung in die Warenästhetik.
Kunst ist aber meistens keine Schokolade, außer bei Dieter Roth, wo sie ein scheinbar ewiges Leben als Wirt diverser Parasiten fristet. Roth verdanken wir andererseits auch visuelle Poesie, aber damit fangen wir hier nicht an.
Das Quadrat. Man versteht unter Quadrat auch die Multiplikation einer Zahl mit sich selbst, also der Flächenlängen, was gern als Modus der Steigerung oder Übersteigerung verstanden wird. „Zum Quadrat" bedeutet die Andeutung eines Unmaßes. Das ist doch eine Idiotie zum Quadrat, sagt man umgangssprachlich.
Alfred J. Noll als Künstler besetzt die radikale Gegenposition zu solchen Spielereien, die versuchen, das Leben ins Quadrat miteinzubeziehen. Sein Quadrat steht gegen das Leben zum Quadrat, sozusagen. Nolls Kunst ist dezidiert leblos, im Sinn des Wortes von Karl Kraus „Was aus dem Leben gegriffen ist, fehlt dort", und für solchen Lebensverzicht setzt das Quadrat ein entschlossenes Signal. Quadrat ist gleich Wurzel aus Vitalismus, könnte man bei Nolls Kunst vielleicht sagen.
Ritter Sport, so der Markenname der quadratisch praktisch guten Schokoladentafel, schaffte es naturgemäß nicht, diese Form Kasimir Malewitsch und seinen Erben abspenstig zu machen, unter die sich seit einige Jahren nun auch Alfred J. Noll einreiht, Champions der Leblosigkeit allesamt, bis auf den ersten in der Reihe.
Unter „leblos" verstehe ich in diesem Zusammenhang den Ausschluss von Beziehungen, den Ausschluss des Verweises und das Bestehen auf sich selbst, was aber nicht als l'art pour l'art missverstanden werden darf und mit Eskapismus gar nichts zu tun hat.
Leben, Psychologie, Geschichten, Anspielungen oder Deutungen sind bei Nolls Kunst ausgeschlossen. Das dürfen wir als Ausdruck höchsten Engagements verstehen – aber eben für nichts anderes als für Kunst. Das mag erstaunlich klingen, sollte uns aber nicht erstaunen.
Denn Alfred J. Noll ist einer der vielseitigsten Menschen, die ich kenne. Dass er seit einiger Zeit als Künstler hervortritt, hat mich also nicht wirklich überrascht. Ich gebe aber zu, ich bangte, wie seine Kunst aussehen würde. Man muss ja dann etwas dazu sagen, und das kann leicht zu Verlegenheiten, wenn nicht Verstimmungen führen. Die Gefahr der Verstimmung besteht keineswegs, die der Verlegenheit aber doch, in einer solchen befinde ich mich im Augenblick, aber ich denke, ich kann mich aus ihr befreien. Schuld an meiner Verlegenheit ist die Noll´sche Vielfältigkeit. An dieser Vielfältigkeit konnte ich bisher eine durchge-

hende Eigenschaft ausmachen, und zwar die Ironie.
Alfred J. Noll ist bekanntlich im Brotberuf Jurist, und ich darf Ihnen versichern, dass es ihm dort auf die Feinheit des Arguments ankommt, am besten wenn es einen zarten Riss im Gefüge des Überkommenen aufspürt, und dass er in solche Ritzen vorzugsweise mit Witz hineinfühlt, sodass man bei manchen seiner Schriftsätze laut lachen muss, sogar wenn man den Prozess verloren hat (was erfreulicherweise selten vorkommt).
Ich glaube, dass die Vielfalt der Noll'schen Interessen und Fähigkeiten uns tatsächlich zum Kern seiner Kunst hinführen kann. Bedenken wir nur, was der Mann alles macht und schafft. Schrieb hervorragende Monografien über große Denker, Montesquieu, Hobbes, dazu eine Vernichtung Martin Heideggers. Legte zahlreiche polemisch-politische Schriften vor. Glänzender Jurist. Funkelnder Essayist. Verdienstvoller Herausgeber. Verfasste auch didaktisch-Populäres, zum Beispiel eine Rechtsgeschichte. Trat als politischer Redner und Polemiker im Parlament hervor, untersucht Literatur im öffentlichen Dialog mit Schriftstellerinnen und Schriftstellern, und wirkt – wobei er ausnahmsweise nicht hervortritt – vielfältig als Mäzen und Retter publizistischer Projekte im Hintergrund.
„Buchstabenmonster" habe ich ihn einmal genannt, einen unersättlichen Leser und Schreiber, einen Lettern-Polyphagen – und nun die Kunst? Wer frisst wen, die Kunst ihn oder er sie?
Noll hat die Rettung gefunden, und die Rettung heißt Nullpunkt. In seinen Worten ist das Quadrat, der Ausgangspunkt der konkreten Kunst, dieser Nullpunkt, und zwar unter Berufung auf Georg Wilhelm Hegel und die Malerei Kasimir Malewitschs (nicht dessen Ideologie), dessen Programm seine Bilder folgen.
Und Noll postuliert: „Konkrete Kunst hat sich mit anschaulichen und ansehnlichen Gründen festgelegt: Durch den Nullpunkt hindurch!" Hier melde ich zarten Widerspruch an. Noll stellt in einer Broschüre Zitate von Brecht, Bergson, Merleau-Ponty und einigen anderen den Abbildungen seiner „Einfachen Formen" gegenüber. Wehe, wir läsen diese Zitate als anekdotisch, als Illustration, als Andeutung auf etwaige inhaltliche Bezüge.
In diese Gefahr geraten wir nicht, das heißt wir geraten natürlich allzugern in die Gefahr, von der monumentalen Belesenheit Nolls verführt zu werden, aber wir widerstehen ihr, denn da ist der Maler Noll mit seiner konkreten Malerei vor.
Ich interpretiere sie nicht, denn ich möchte sie auf den Nullpunkt beschränken und diesen noch etwas anders interpretieren als der Künstler selbst. Seine Malerei ist in seinem vielfältigen Schaffen der ruhende Nullpunkt, etwas, das nun tatsächlich aller Ephemera entkleidet ist und dadurch stark wird, dass es sich auf nichts außer sich bezieht. Schon gar nicht auf jene Ironie, die als moderne Haltung schlechthin Nolls sonstiges Werk grundsätzlich durchzieht. Der Nullpunkt ist der Nollpunkt des Malers Noll.
Die Widersetzlichkeit dieser Malerei liegt darin, dass sie auf alles verzichtet, was Bedeutung bedeutet, und uns so zwingt, Bedeutung selbst zu überprüfen. Nämlich als etwas, das wir in die Dinge hineinlegen, ohne dass es da wäre. Gerade auch auf so etwas wie Ironie.
Es geht hier in der Tat ums Prinzip. Dieses Prinzip beharrt nicht auf Inhaltslosigkeit, so etwas gibt es gar nicht. Es setzt die radikale Geste nicht des Verzichts, sondern der Reinigung. Es schlägt uns die einfachen Krücken von tieferer Ironie und höherer Bedeutung weg, die uns hindern zu sehen, was da ist. Es will uns auf das zurückführen, was wir vor uns sehen, auf das, was da ist, auf das, was ist, und sonst nichts.
Man sollte, um konsequent zu sein, nicht versuchen, es zu benennen, damit es sein kann, was es sein will: als Beginn einer leichteren Freiheit, unversöhnte Reduktion.

Armin Thurnher

6

7

8

9

10

11

Alfred J. Noll

Durch den Nullpunkt

Die Sache lässt sich von verschiedenen Seiten her angehen. Ein möglicher Zugang findet seinen Ausgangspunkt in dem von Günter Anders stammenden Verdacht, dass die Malerei immer schon zur Positivität verurteilt sei: Irgend „Etwas" müsse immer gezeigt werden, sonst sei es eben keine Malerei. Die „bildende Kunst" könne, anders als Sprache und Literatur, die ja immerhin Sachverhalte verneinen oder gar vom Nichts reden könnten, nicht „Nichts" zeigen. Auch für die Sprache gelte zwar: „Wovon man nicht sprechen kann, darüber muss man schweigen" (Wittgenstein), aber wovon man sprechen kann und worüber man schweigen muss, davon und darüber hat man Vieles gesagt und geschrieben. Für die Malerei setzt Günther Anders dagegen: „Der Maler kennt nur das Ja, er ist ein Gefangener des Parmenides, weder für das ‚Nicht' noch für das ‚Vielleicht' stehen ihm optische Korrelate zur Verfügung."

Das Problem ist alt.

„Was ist am schwierigsten zu malen?" fragt Meister Ike-no Taiga im 18. Jahrhundert. „Einen weißen Raum zu malen, wo nichts gezeichnet wird – das ist die schwierigste Aufgabe der Malerei." Was aber ist daran so schwierig? Könnte man diese Aufgabe nicht leicht lösen, indem man ein Stück Papier oder Seide einfach leer ließe? Wäre das Blatt dann aber nicht gänzlich bedeutungsleer und von insignifikant leerem Papier nicht mehr zu unterscheiden? So wäre die Aufgabe nicht gelöst, geht es der weißen Malerei doch just darum, der Leere als solcher inne zu werden und sie als solche zu zeigen. Man muss andere Mittel finden.

Die vom Taoteking und vom Zen-Buddhismus inspirierte Malerei hat nicht nur „die Farbe getötet", sondern in der Kunst des Weglassens zu einer Meisterschaft der Reduktion geführt. Gerade das Weglassen ist dort das Wesentliche (nicht bloß das durch Weglassung Hervorgehobene). In der „weißen Malerei" wird buchstäblich gar nichts gezeigt, um gerade dadurch der absoluten Leere innezuwerden: Die Malerei begeht gleichsam künstlerischen Selbstmord, um ihrem aller Darstellbarkeit widersprechenden „Sujet" zu entsprechen.

Indes auch die aus der östlichen Mystik erwachsene Malerei entrinnt nicht dem Dilemma, sich irgendwie äußern zu müssen, selbst wo sie absolute Leere intendiert. Die „Inschrift-auf-weißem-Papier", die dem leeren Blatt dann seine Bedeutung gibt, ist die Reaktion darauf. Damit aber ist man wiederum bei einem „Etwas" angelangt, und nur, wer sich um die Unterschiede leerer Blätter überhaupt nicht weiter kümmerte, entginge der Paradoxie jeder Darstellung des Nichts – er hätte dann aber auch nichts mehr zu schaffen, zu malen, zu zeigen…

Die Malerei des europäischen 20. Jahrhunderts lässt sich ebenso von dieser Problemstellung her sichten – an den Quadraten von Malewitsch können wir es ablesen. Wie wenig auch immer hier sichtbar wird, in ihren Formen und Dualismen zeigt sie immer noch „Etwas", und auch sie bleiben in diesem Sinne „positiv". Der Minimalismus von Malewitsch und seine Reduktion der Malerei auf den Akt der Registrierung der minimalen, rein formalen Differenz zwischen dem Rahmen und seinem Hintergrund, ist ein Ausdruck der skizzierten Problemstellung. Seine Quadrate bieten uns eine ironische Negation der Negation: Die Reduktion ist vollkommen, sowohl der Rahmen als auch die Bildmitte sind auf nichts reduziert – was übrig bleibt, ist lediglich eine minimale Differenz, die rein formale Linie, welche den Rahmen von dem „Inhalt", den er umschließt, trennt.

Das „Schwarze Quadrat" ist (nur), was der Titel besagt; es ist nichts außerhalb seiner selbst. Es ist keine Symbolisierung, es ist kein Bild von etwas – vielmehr erweist es sich als eine Paradoxie, die den Betrachtern offen lässt, ob es sich um ein schwarzes Quadrat auf weißem Grund oder um einen weißen Rahmen auf schwarzem

Grund handelt. Es ist etwas Anderes als ein Bild, es ist eher eine Übergangsstelle oder eine Passage, die aus jeder bis dahin gültigen Vorstellung von Bildlichkeit ausbricht – ein performativer Akt, der im Durchgang durch seine Negativität etwas vollkommen Neues hervorbringt. Das Wissen, das es derart evoziert, ist darum weder ein Wissen im Sinne von Repräsentation noch einer „Nichtabbildung", einer Undarstellbarkeit, mit der es zweifellos in Beziehung steht, sondern ein Wissen des Ikonischen selbst, seiner Medialität wie gleichermaßen seiner Performativität.

Ein Unterschied fällt auf: Der „weißen Malerei" der östlichen Mystik liegt die Vorstellung einer asymptotischen Annäherung an die Leere zu Grunde (auch größte Meisterschaft gelangt nie ganz dahin, wo „das Eigentliche" ist, auch sie kann bestenfalls an den Punkt der minimalen Differenz/Distanz gelangen, an dem man beinahe da ist), für Malewitsch ist der Minimalismus der monochromen Quadrate vor einem Hintergrund kein asymptotischer Nullpunkt, sondern ein Anfangspunkt, eine Tabula rasa für einen Neubeginn. Sein „Selbstporträt" (1933) zeigt ihn mit geöffneter Hand, die ausgestreckten Finger deuten die Umrisse des abwesenden Quadrats an – Malewitsch hat stets seine Beharrlichkeit signalisiert, seine Treue zu seinem „minimalistischen" Durchbruch. Malewitsch folgt – wenn es uns durch die durchwegs irrationalen schriftstellerischen Arbeiten von Malewitsch auch keineswegs leicht gemacht wird, dies zu sehen – eher der Hegelsche Lehre: Der Nullpunkt ist diejenige Stelle, durch die man hindurch muss, um wieder „bei null" anfangen zu können, der Nullpunkt ist die Stelle, in der der „Embryo aller Möglichkeiten" (Malewitsch) liegt. In der Kunst markiert Malewitschs schwarzes Quadrat auf weißem Grund einen Schwellenpunkt der minimalen Differenz, der die Voraussetzung für einen Neubeginn schafft.

Die Reduktion der Bildform bis zu deren völligem Verschwinden in der weißen Fläche führt die strukturelle Vereinfachung bis zu deren Umschlag ins Sinnlose: Die Anschaubarkeit des Bildes wird (beinahe) vernichtet. In dieser Radikalität macht Malewitsch´ Weg zum Suprematismus eine Konsequenz der modernen Kunst sichtbar, und dieser Weg ist paradigmatisch, einmalig und nicht wiederholbar.

Ein straffer Rhythmus gliedert nun die Kompositionen. Farbe kommt ausgeprägt zum Einsatz. Flächenhaft werden Gemälde „gebaut", auf denen Gegenstände mit markanten Konturen zu sehen sind. Plötzlich ist alles in Bewegung. Larionow begründet den Rayonismus und verlangt in Analogie zur Speziellen Relativitätstheorie Einsteins die Darstellung der vierten Dimension, des Lichtes. Seine spätere Frau Gontscharowa und er zerlegen Objekte in Farbstrahl-Kompositionen, man will Energie darstellen, ein Gefühl für die vierte Dimension entwickeln. Alles ist im Umbruch. Mit der Gründung der Ausstellungsgruppen „Karo-Bube" und „Eselschwanz" gewinnt die Entwicklung progressiven Charakter. Mitten drinnen unter all den Neuerern ist Kasimir Sewerinowitsch Malewitsch. Zunächst von Matisse beeinflusst und zur farbigen und formalen Steigerung des Fauvismus sich steigernd, zeigen sich rasch neue Kennzeichen. Die Formen klärten sich, der Einfluss von Léger wird seinen Werken ablesbar. Der Kubismus wirkt, wird von ihm zum Futurismus weitergetrieben. Zwischen 1911 und 1914, die Jahre, in denen Malewitsch seine entscheidende Entwicklungswende macht, gewinnt die Fläche als Organisationsplan des Bildes eine spezielle Bedeutung. Die immer weiter vorangetriebene Zerlegung der Gegenstände der Wirklichkeit geht Hand in Hand mit einer konsequenten Reduktion der Farbe.

1915 ist es dann bei Dobycina in St. Petersburg soweit: In der „Letzten Futuristischen Ausstellung 0,10" zeigt

Malewitsch seine ersten völlig gegenstandslosen Bilder. Es geht jetzt um die Malerei der reinen Empfindung. Das Bemühen, eine allgemeine Bestimmung der Grunderfahrungen in Anschauungen und Erlebnissen zu finden, führt zur formalen Vereinfachung. Malewitsch ist bei den einfachsten Bildelementen aus der Geometrie angekommen.

Die subjektive Empfindungswelt des Künstlers wird nun als allgemeinverbindlich erklärt; Malewitsch ist ein mystischer Schwärmer. Jede Farbe, jede Form hat nur Bedeutung, solange sie in der Lage ist, außerhalb der Realität Erregung mitzuteilen oder hervorzurufen. Das Quadrat in weißer Umrahmung war bereits die erste Form einer ungegenständlichen Empfindung. Die weißen Ränder sind keine Ränder, die das schwarze Quadrat einrahmen, sondern nur die Empfindung von Wüste, die Empfindung von Nichtsein, in dem die Gestalt der quadratförmigen Form als erstes ungegenständliches Element von einer Empfindung in Erscheinung tritt. Das „Schwarze Quadrat auf weißem Grund", jene „Nullform", die als „nackte ungerahmte Ikone" zum emblematischen Erkennungszeichen des Suprematismus werden sollte, ist von Malewitsch bewusst als ein „alogisches" Gemälde geschaffen worden. Malewitsch postuliert die reine Gegenstandslosigkeit als einzige Realität, die Entwirklichung der Welt – über einen stufenweisen Abbau der dinglichen Formen zu immer reineren, bedeutungsfreien geometrischen Ideen: Kreis, Viereck, Freieck, Kreuz etc. soll es schließlich zur Aufhebung des Seienden, zur Identität von Sein und Nichts führen. Neben Rodschenkos Raumgebilden „Hängende Konstruktionen" (1920) und dessen drei einfarbig gemalten Qaudraten „Rot, Gelb, Blau" (1921) ist es das „Schwarze Quadrat", das in seiner Einfachheit wegweisend geworden ist. Just mit dieser Abkehr von der Wiedergabe des Wirklichen und Gegenständlichen und der Hinwendung zu den neuen Ordnungen wurde das bildnerische Denken um eine neue Dimension bereichert.

Alles hängt davon ab: Entweder ist uns das „Schwarze Quadrat" ein asymptotischer Nullpunkt, dessen Erreichen die Malerei zu einem Ende gebracht hat; oder wir sehen darin einen provozierenden Referenzpunkt für die Schöpfung einer neuen Welt. Konkrete Kunst hat sich mit anschaulichen und ansehnlichen Gründen festgelegt: Durch den Nullpunkt hindurch!

15

16

17

18

19

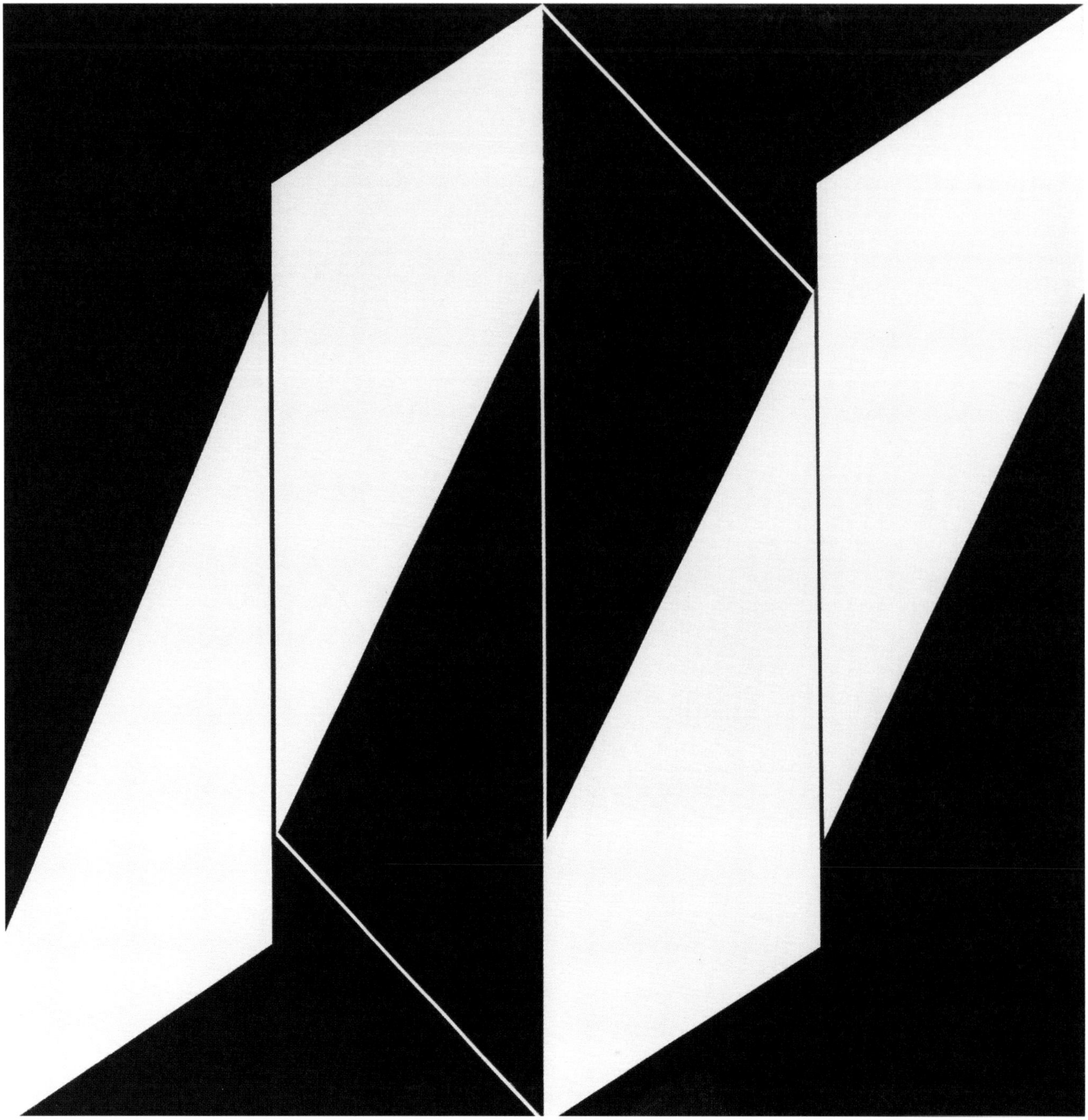

21

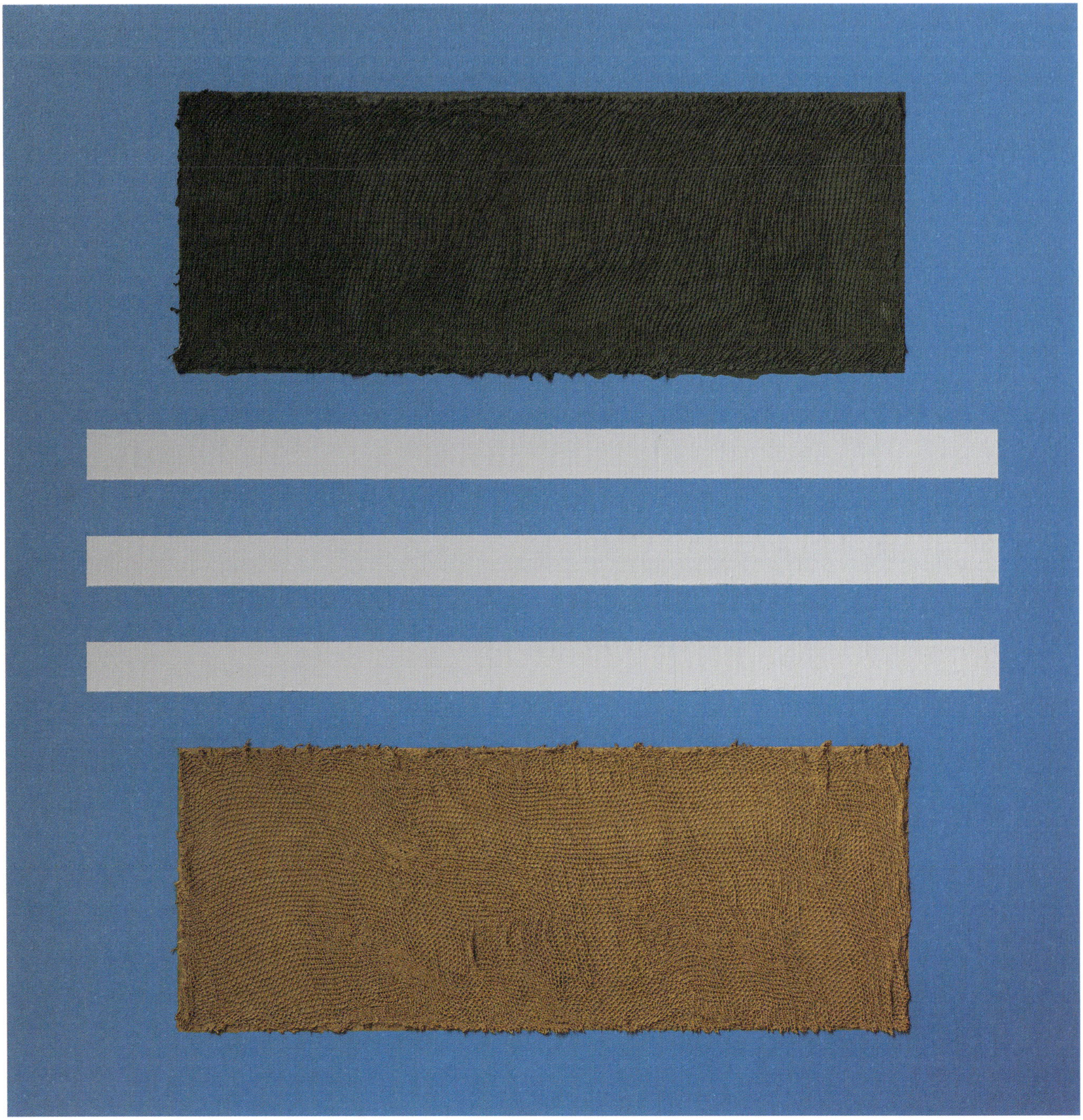

23

24

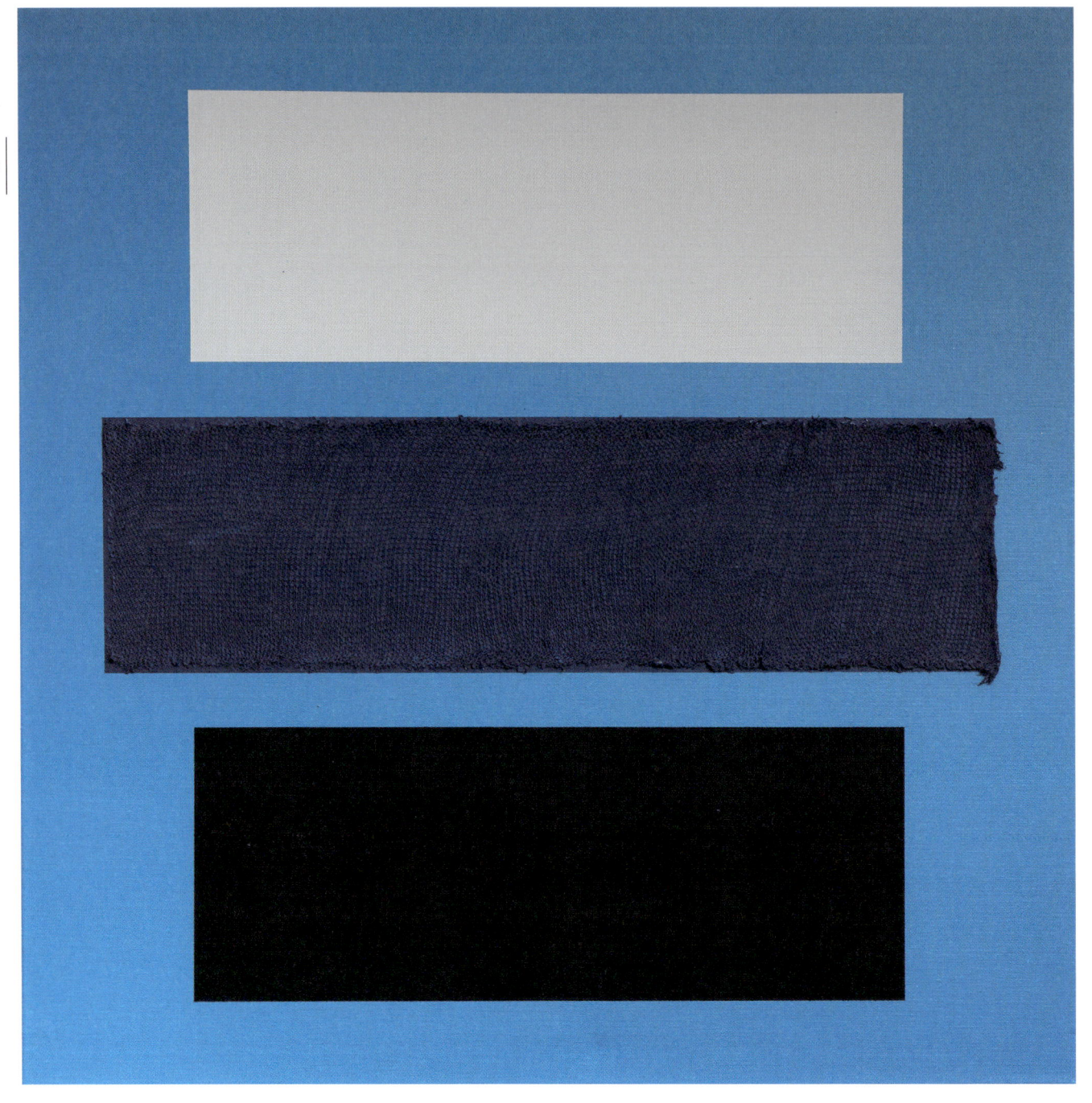

25

26

27

28

29

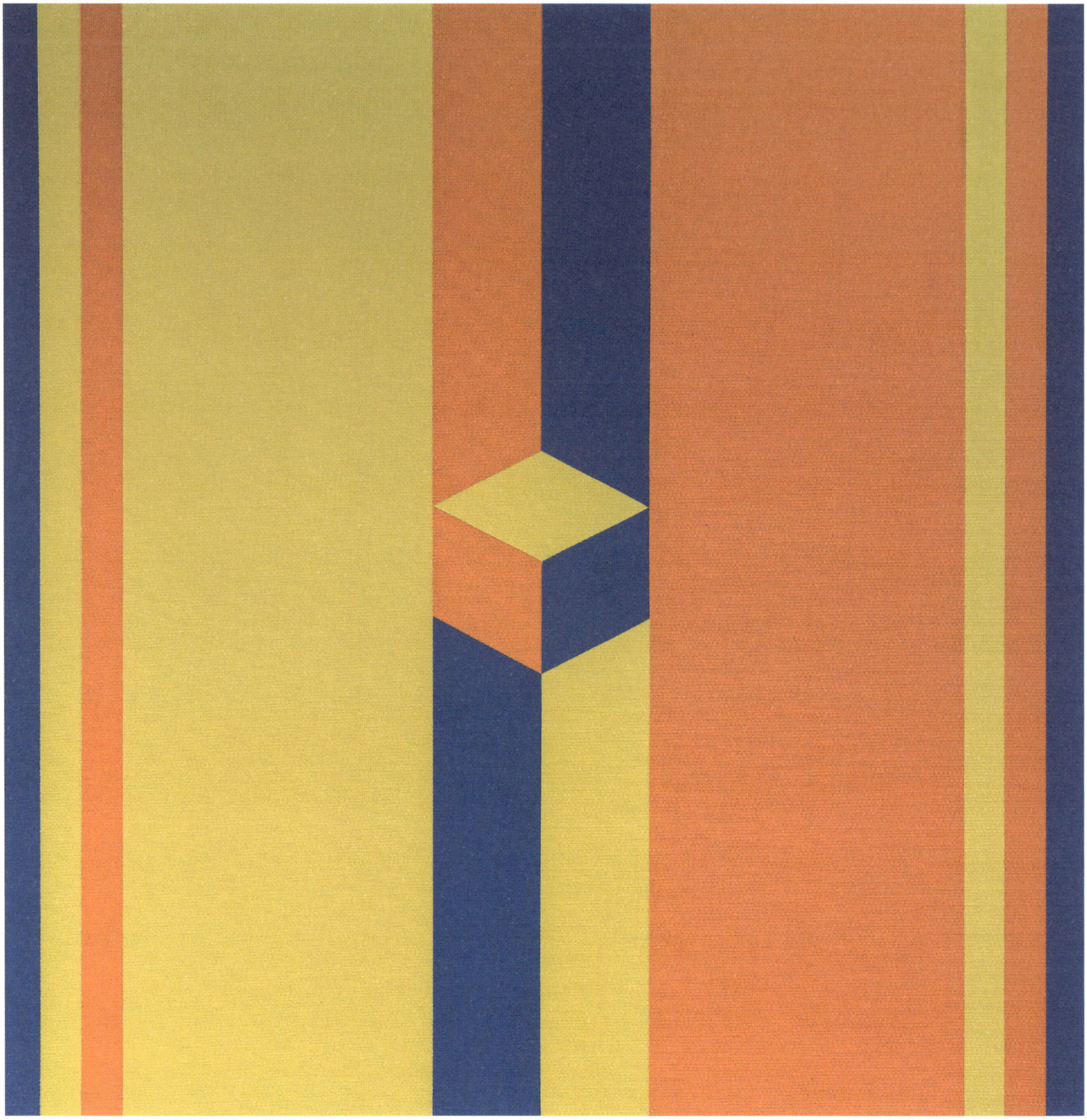

31

32

33

At the Noll-point

A speech for Alfred J. Noll.

I admire Alfred J. Noll for his courage.
Commissioning a speech from me means running the risk of being presented with an echo in the form of poetry, in the form of odes, of orations. He knows, he's been there before.
As you know, there is a Quadratroman, and concrete poetry would provide a rich repertoire of forms one could use to talk about concrete art–"tan tandinanan tadinane" and so on.
When I think of Noll's art, I think of the square. He himself said just about everything there is to say about the square in painting. So, what else could I add about the square?
Let's start with the inappropriate: "Quality. Chocolate. Squared." is the translation of the popular slogan of a chocolate manufacturer that seeks to distinguish itself from competitors by the shape of its product. When I think of chocolate, I start to truly realize the power of geometric shapes. The triangular bar, the norm of the rectangular chocolate bar, the charm that comes from any kind of deviation from it–the taste of chocolate almost disappears next to it.
Already as a child, I read through the dirty tricks of manufacturers, who would slim down a solid two-Schilling chocolate bar by leaving the raised edge but haggardly slimming the bar's body, which only became painfully apparent once you tore open the wrapping –an early introduction to the aesthetics of consumer goods.
Most of the times, however, art is not chocolate, except in the case of Dieter Roth, where it enjoys a seemingly eternal life as the host of all sorts of parasites. On the other hand, we also owe Roth visual poetry, but we are not here to discuss that.
The square. Some understand the square to be the multiplication of a number with itself, that is the lengths of its sides, which is often understood as a mode of intensification or exaggeration. In German, "Zum Quadrat" (squared) alludes to a vast quantity. Colloquially, one would say "This is idiocy squared!"

As an artist, Alfred J. Noll occupies the radical contraposition to such shenanigans that seek to incorporate life into the square. His square counters life "squared", so to say. Noll's art is deliberately life-less, in the sense of Karl Kraus' "What is taken from real life is missing there", and for such abdication of life, the square gives a resolute signal. The square is the root of vitalism, you could say with respect to Noll's art.
Ritter Sport, the brand name of the quality chocolate squared chocolate bar naturally didn't succeed in engrossing this shape from Kazimir Malevich and heirs, whose ranks Alfred J. Noll has joined some time ago, all of them champions of lifelessness, except for the first one.
I consider "lifeless" in this context to be the exclusion of relationships, the exclusion of reference and the insisting on the self, what is not to be misunderstood as l'art pour l'art and has nothing to do with escapism at all.
Life, psychology, stories, references or interpretations are excluded from Noll's art. We may take this as an expression of the highest commitment–but to nothing else than art. This may come as a surprise but shouldn't surprise us.
For Alfred J. Noll is one of the most versatile individuals I know. The fact that he has emerged as an artist for some time now didn't really surprise me. But I'll gladly admit that I worried what his art was going to look like. You'd then be expected to comment on it, and this could easily lead to embarrassment, if not upset. There is no danger of causing upset, but danger of embarrassment, which is what I am in now, but I think I'll be able to get out of it.
What caused my embarrassment is Noll's versatility. Across the facets of his versatility, I so far managed to identify a recurrent property, which is irony.
As you know, Alfred J. Noll earns his living as a lawyer, and I may assure you that in the legal field, he makes a point of the fineness of the argument, preferably when it detects a subtle crack in the fabric of tradition. He feels into such cracks particularly with wit, so that you'll laugh out loud

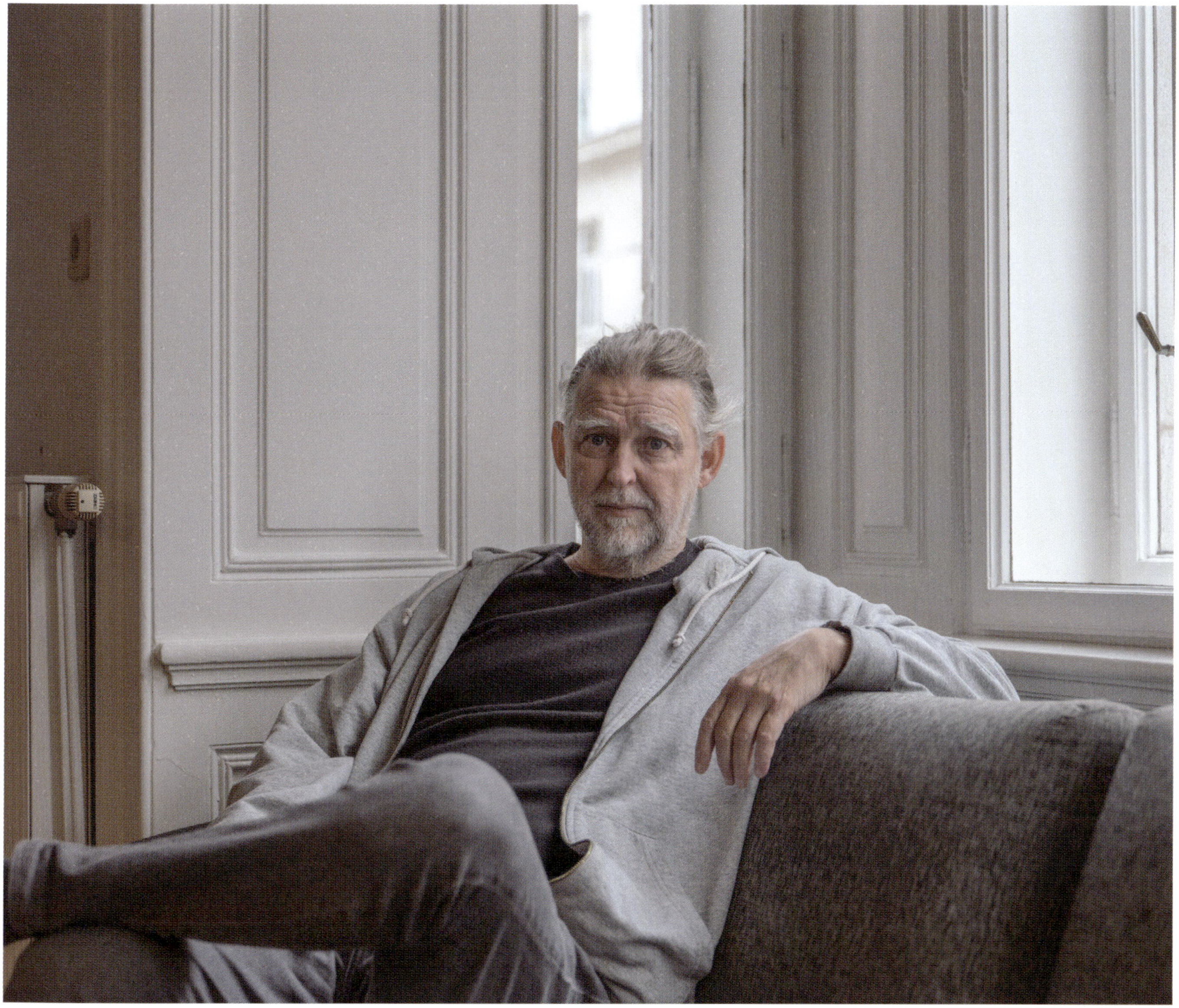

at some of his writings, even if you've lost the case (which fortunately doesn't happen a lot).

I believe that the versatility of Noll's interests and skills can lead us towards the core of his art. Just consider what the man does and gets done. He wrote outstanding monographs on great thinkers, including Montesquieu, Hobbes, plus a destruction of Martin Heidegger. He published numerous polemical-political writings. He is a brilliant lawyer. Sparkling essayist. Commendable editor. He also wrote educational popular works, such as a history of law. He emerged as a political speaker and polemicist in parliament, explores literature in a public dialogue with writers, and is involved in many different ways–and exceptionally, in the background–as the patron and saviour of publishing projects.

I once called him a "letter monster", an avid reader and writer, a polyphage of letters–and now art? Who will eat who, will art eat him, or will he eat art?

Noll has found the resort, and that resort is called the zero-point. According to him, the square is the point of departure of concrete art, the zero, referencing Georg Wilhelm Hegel and Kazimir Malevich's painting (not his ideology), whose programme his paintings follow.

And Noll postulates: "Graphically and considerably, concrete art has established: Through the zero-point!" At this point, I'd like to raise a tender objection. In a brochure, Noll contrasts quotes by Brecht, Bergson, Merleau-Ponty and several others with the images of his "simple forms" (Einfache Formen). You'd better not read these quotes as anecdotic contextualisation, as illustrations, as hints to any references with regards to content.

We don't fall into this danger, that is to say we actually like to fall into the danger of being seduced by Noll's monumental erudition, but we resist because Noll, the painter, prevails with his concrete painting.

I won't interpret it, because I'd like to reduce it to the zero-point and offer yet another interpretation, different from the artist's. His painting is the resting zero-point of his diverse creations, something that is effectively stripped of any ephemera, and is strengthened the painting's reference to nothing but itself. Especially not to the irony that principally pervades through Noll's other works as a modern attitude par excellence. The zero-point–or null-point–is the Noll-point of Noll, the painter.

The contumacy of this kind of painting lies in the fact that it renounces anything that means meaning, and by doing so, forces us to examine the meaning ourselves. Namely as something that we put into things, without it being there. It especially renounces something like irony.

This is, in fact, a question of principle. This principle doesn't insist on contentlessness, there isn't such a thing like that. It makes not the radical gesture of abdication, but of purification. It knocks us off our crutches of deeper irony and higher meaning, which prevent us from seeing what is there. It wants to lead us back to what we see in front of us, to what is and nothing else.

One should, in order to be consequent, not attempt at naming it, so that it can be what it wants to be: the beginning of a lighter freedom, an unreconciled reduction.

Armin Thurnher

Alfred J. Noll

Passing through the zero-point

The issue can be tackled from different angles. A potential approach has its point of departure in Günther Anders' conjecture that painting has always been condemned to positivity: Some "thing" always needed to be depicted, otherwise, it wouldn't be painting. Unlike speech and literature, which can negate issues or speak of the nothing after all, "fine art" cannot depict "nothing". While for speech, it is true that "Whereof one cannot speak, thereof one must be silent" (Wittgenstein), but whereof one can speak and what one must remain silent about, thereof, and thereabout much has been said and written. As for painting, Günther Anders juxtaposes: "The painter only knows the Yes, he is a prisoner of Parmenides; neither for the 'not' nor for the 'maybe' optical correlates are available to him."
It's an age-old problem.
"What is the most difficult part to paint?", master Ike-no Taiga asks in the 18th century. "To create a white space where absolutely nothing has been painted – that is the hardest part in painting." But what is it that makes it so hard? Couldn't the task be easily achieved by leaving a piece of paper or silk empty? But wouldn't the sheet then be completely devoid of meaning and be no longer distinguishable from insignificantly empty paper? This would not solve the task, since the point of white painting is precisely to become aware of emptiness as such, and to depict it as such. Other means need to be found. Tao Te King- and Zen Buddhism-inspired painting has not only "killed the colour", but has led, in the art of omission, to a mastery of reduction. It is precisely the omission that is the essential element (not just the elements emphasized by omission). In "white painting", literally nothing is shown, to become aware of the absolute emptiness: Painting commits artistic suicide in order to correspond to its "subject" that contradicts any kind of representability.

Even painting that is drawn upon eastern mysticism does not escape the dilemma of having to express itself somehow, even when it is absolute emptiness that it intends. The "inscription-on-white-paper", that gives the empty sheet its meaning, is the reaction to that. But this brings us back to a "something", and only those who do not care about the differences between empty sheets of paper at all would miss the paradox of any representation of nothingness – but then, they would also have nothing left to create, to paint, to depict...
European painting of the 20th century may also be inspected from this perspective – we can read it in Malevich's black squares. While only very little may be seen, "something" is still being depicted through shapes and dualisms, and they too remain "positive". Malevich's minimalism and his practice of reducing painting to the act of registering the minimal, purely formal difference between the frame and its background, is an expression of the problem raised. His squares offer us an ironic negation of the negation: The perfect reduction, both the frame and the centre of the painting are reduced to nothing. What is left is just a minimal difference, the purely formal line that separates the frame from the "content" that it encloses.
The "Black Square" is (only) what the title says, it is nothing beyond itself. It is no symbol, it is not the image of something – rather, it proves to be a paradox that leaves it open to the viewer whether it is a black square on white ground or a white frame on a black ground. It is something other than an image, it rather is a point of transition or a passage that breaks out of any previously valid notion of representativeness – a performative act that produces something completely new by means of its negativity. The knowledge that is evoked in the process is neither knowledge in the sense of representation nor a "non-depiction", an irrepresentability that it is linked

to without a doubt, but the knowledge of the iconic self, of its mediality and similarly, of its performativity.

One difference is striking: Eastern mysticism-informed "white painting" is based on the notion of an asymptotic approximation to emptiness (even the greatest mastery never fully reaches the point where "the essential" is, it too achieves at best the point of minimal difference/distance, of being almost there). To Malevich, the minimalism of his monochrome squares set against a backdrop is not an asymptotic zero-point, but a point of departure, a tabula rasa for a fresh start. His "Self-portrait" (1933) depicts him with an open hand, his pointed fingers sketching the outline of an absent black square–Malevich has always signalled his persistence, his loyalty to his "minimalist" breakthrough. Though Malevich's consistently irrational essays don't make it easy to see this, Malevich leans towards Hegel's teachings: The zero-point is the very point one must pass through in order to start again "from zero" again; the zero-point is the spot, where the "embryo of all possibilities" (Malevich) lies. In art, Malevich's "Black Square on White Ground" marks a threshold of minimal difference that creates the prerequisites for a new beginning.

Reducing imagery until it completely disappears within the white surface pushes the structural simplification to pointlessness: The viewability of the image is (almost) destroyed. Embedded in this radicality, Malevich´s path towards Suprematism uncovers a consequence of modern art, and this path is a paradigm, unique and not repeatable.

A tight rhythm now informs the compositions. Colour is used to great effect. Paintings are "built" using surfaces, which feature objects with sharp outlines. Suddenly everything is in motion. Larionov establishes rayonism and demands, in analogy to Einstein's special theory of relativity, the depiction of the fourth dimension of light. Larionov and Goncharova, later to become his wife, fracture objects into compositions of painted rays, aiming at depicting energy, developing a feeling for the fourth dimension. Everything is in disruption. When the exhibition groups "Knave of Diamonds" and "Donkey's Tail" are established, the movement gains a progressive character.

Among all these reformers is Kazimir Severinovich Malevich. First inspired by Matisse and evolving towards an elevation of Fauvism in terms of colour and shape, he soon develops some trademarks. The shapes become sharper, Léger's influence in his works becomes obvious. Cubism has its effect and is pushed towards Futurism. Between 1911 and 1914, the years of Malevich's decisive conceptual transformation, the surface as the image's underlying structure gains particular significance. The ever more rigorous breakdown of reality's objects goes hand in hand with the consequent reduction of colour.

In 1915, at the "Last Exhibition of Futurist Painting 0.10" in Saint Petersburg's Dobycina Gallery, Malevich exhibits his first images that are completely devoid of objects. Now, it is all about painting pure sensation. The effort to find a general definition of the basic experiences in what we think and experience leads to formal simplification. Malevich has arrived at the simplest pictorial elements drawn from geometry.

The artist's world of subjective sensations is now declared to be universal; Malevich is a mystical sentimentalist. Each colour, each shape only has a meaning if it is capable of communicating or evoking agitation outside of reality. The square with white margins was the first representation of a non-objective sensation. The margins are not margins to frame the black square, but merely the sensation of desert, the sensation of non-existence upon which the presence of the square

shape appears as the first non-objective element of a sensation.
The "Black Square on White Ground", the very "Zero Form", declared "naked unframed icon", that would become Suprematism's emblematic trademark, was deliberately created by Malevich as an "alogical" painting. Malevich postulates the pure rejection of objects as the only reality, the world's de-realisation, which is supposed to lead, in a gradual breakdown of objective formal elements towards ever purer geometric notions devoid of meaning such as the circle, rectangle, triangle, cross, etc., eventually to the annulment of the existing, to the identities of being and nothing.
Along with Rodchenko's "Spatial Constructions" (1920) and his three unicoloured squares "Red, Yellow, Blue" (1921) it is the "Black Square" that has become seminal due to its simplicity. It is precisely this renunciation of the representation of reality and objectivity in favour of new orders that has enriched pictorial thinking with a new dimension.
Everything depends on it: Either the "Black Square" to us is an asymptotic zero-point and reaching it has brought painting to an end; or we see in it a provoking point of reference for the creation of a new world. Graphically and considerably, concrete art has established: Through the zero-point!

Alfred J. Noll

Alfred J. Noll / Einfache Formen

Redaktion: Walter Famler

Fotos: Reinhard Öhner

Gestaltung: Leo Gürtler

Übersetzung: Simone Kaiser

Mitarbeit: Milena R. Heussler

ISBN: 978-3-903290-92-1

Herausgeber: Alte Schmiede Wien

www.alte-schmiede.at

Wien / Jänner 2022

bahoe books
Fischerstiege 4-8/2/3
1010 Wien

bahoebooks.net

Biografie / Biography

Geboren 1960 in Salzburg. Habilitierter Jurist und Rechtsanwalt, Gründer und (Mit-)Herausgeber des *Journals für Rechtspolitik* und Mitglied der Österreichischen JuristInnenkommission.
Alfred J. Noll lebt und arbeitet als Rechtsanwalt und Dozent (Schwerpunkte Urheber- und Medienrecht, Kunstrestitution) in Wien.
Autor zahlreicher Sachbücher zu juristischen, gesellschaftspolitischen und literarischen Themen sowie zur Kunstrestitution. Zuletzt erschienen: *Aussichten auf den Öko-Leviathan?* (Zusammen mit Nikolaus Dimmel, bahoe books 2021).

Born 1960 in Salzburg. Habilitated lawyer and attorney, founder and (co-)editor of the *Journal for Legal Policy* and member of the Austrian Commission of Jurists.
Alfred J. Noll lives and works as a lawyer and lecturer (specialising in copyright and media law, art restitution) in Vienna.
Author of numerous non-fiction books on legal, sociopolitical and literary topics as well as on art restitution. Most recently published: *Aussichten auf den Öko-Leviathan?* (together with Nikolaus Dimmel, bahoe books 2021).

Alle Bilder Acryl auf Leinwand – unterschiedliche Maße von 30•30cm bis 120•120cm.

All paintings Acryl on canvas – different sizes from 30•30cm to 120•120cm.